Ferse Verse

Esther-Marie Ullmann-Goertz

Gedichte 1976 – 1999

Ferse Verse

Auf Kopfsteinpflaster

Dudelsack

(Naumburg)

Die Stadt ein Dudelsack
Ich sitze im warmen wohlig
Feuchten
in
Unbequemer Dunkelheit

Die leisen und schwachen
Töne drängeln an mir
Unfertig eilig vorbei

Bis ich mich entscheide
einem auf den Rücken steige
Und davonfliege
Im Echo die löchrige Straße erkenne
seine klingende Spur

Dem verschwindenden Spieler
Nachwinkend wandre ich
In die Gegend um von der Stadt
Unverhofft
wieder
eingeatmet zu werden

Brandstiftung

(Naumburg)

Diese beiden Augen
gehören wohl zwei Gesichtern an
Eins dort ganz oben
vom Fenster den Wächters im
Stadtkirchenturm
Leuchtet ins Dunkle
Aber das schelmisch zugedrückte
vom Halbmond
Beobachtet mich
Wie ich zu dir gehe
Über den leeren Marktplatz
die Gasse
Und Feuer trage
in den Taschen
Wie du mich empfangen wirst
Wenn Eine
nicht Alarm schlägt der
Andre dir zugezwinkert hat
Warum ich komme

Einfall

Es ist nichts dabei
dass endlich Häuser abgerissen werden
die unsere Köpfe zu lange verschont haben
Weil wir sie vergaßen

Da wird ihnen das Warten aus leeren Zimmern
geräumt
dass Platz wird
wenn der Frühlingshimmel über die Stadt fällt
sie einwickelt und emporträgt

Leicht ist's die sandschlammen Wege zu verlassen
denen wir winters unsere Spur aufgedrückt

Setzt doch frischgeputzte Fenster ein
wenn wir auf spiegelnden Sonnenstrahlen reiten
in den oberen Straßen der Stadt
dass sie tagelang führen in die Nächte

In die Müdigkeit
sie ist so nackt noch und krank
Wenn wir behutsam die neuen Kleider sticheln
dass es noch weh tut und doch wärmt

Den abgerissnen Stellen aber eine Haut wächst
wenn alles dabei ist
was wir beschützt haben
Während die Mauern bröckelten

Ein Knöchelchen nach dem andern abfiel

Gerade Gasse

(Mariengasse)

Da balancier ich
durch die Schatten der Häuser
und ruder mit den Armen
um ja nicht zu berühren
ihre Wände die sonst in sich
zusammenklappen
Steinlawinen rollten
dem schimmernden Flüsschen
hellen Lichts auf der Straße zu
Das schwillt dann und dunkelt
und saugt sich voll
Am Abend wenn Betrunkene
sich in ihrem Echo verfangen
Verstummt erst wenn's kalt wird
Am Morgen ist Schnee gefallen
gefroren und geeist ist
dies unser Stück Himmel
Der weiße Teppich ist noch ganz frisch
drauf aus dem Haus gefühllos die springen
die nicht auf ihre Kür ausgehen werden

Entgeh ich schnell ihren Spuren
auf den Balken steig ich
und schweb ganz ohne Gewicht
durch Funkeln und flockende Botschaften
der gefrorenen und nun haltbaren Schatten

Und hoff' dass nicht Tauwetter mich gleich erschlägt

Belehrt

Der Sappho Füße
als sie den Amor bestehlen ging
Mit Schießbudentulpen am Hut
Und ganz geschäftlich
sind angetreten
zu den Verabredungen
mit dem Herrn vom
zwitterhaften Schmetterling
Das Zwielicht ist in seinen Verabredungen
den Begrüßungsblumen
darein steckt sie ihre kreidigen Finger

Dem ewigen Kavalier an der Ecke
verbietet sie den Eintritt in den Regen
geht als Lehrerin um ihre Beute

Als es noch keine Schuhe wieder gab

O Saul
Dein Laden hat überlebt
nicht mehr so freundlich
wird man bedient
Doch am selben Ladentisch

Ach Saul
wie schnell ist dein Ruhm dahin
Du als Herr unsrer Gasse
warst wer

Alle wussten
es ist was mit dir
Wir alle
Nichts wussten wir genau

Nur dass
du
Ach Saul
nicht mehr warst
meiner Kindheit Meister der Träume

Nur weshalb haben wir plötzlich
ganz genau
dein Gesicht gesehn
Als du nicht mehr
auf der Gasse warst

Und was waren wir dir
eigentlich noch schuldig

Totensonntag

Irgendwo muss doch das Schlüsselloch sein
Wenn die Menschen immer zurückkehren
Wohin Briefe Züge Amtsbescheide ihren Weg finden

In mein Wintermantelfell vergraben
Diesen Boden beackern
Mit den schneidenden Schritt'
Weglaufender Leut'

Nicht immer sich aus den Gassen hervorkämpfen
Unfertiges Larvengesicht
Ob auch kein feindlicher Posten ansteht

Oder was der Begegnung von vor Jahren
Zugestoßen sein mag
Da sie ihren Seemannsgang aufgegeben

Irgendwo muss doch der Marktplatz sein
Wenn schon nicht um Mitternacht
Keine Geister stellen sich ein

Der Stammbaum liegt unter Gesichtern begraben
Wie eine Haut unter vielen Häuten
In die kalte Erde gesteckt

Wo der Herbst den Regenbogen zerschneidet
Eine Taube vom Kirchturm fällt

Das Pflaster hat's einen ganzen Tag warm

Begleitung

Zwei Schritte voran
Und ein ganzer Weg zurück
Die Todesannonce
hat hierher gerufen
Zwei Schritte voran
Und von dort ist's ein Abschied
über den zugeschütteten Abgrund
zu den Unbeteiligten zurück

Der Kiesweg der traumsicher
in die Straße übergeht
Bordkanten und Schwellen
nimmt
Die Mäuler von Türen stopft
stillhält und schläft

Und windet sein Seil
aus Weckerticken anvertrauter
Geheimnisse
An dieser Schnur hängt eine Nacht
von Daumen und Mittelfinger gespannte Zeit

Die
wenn sie schreit
wieder die Beine in Bewegung setzt
Zwei Schritte voran

Und wieder ein ganzer Weg

In der Wüste

Heiß war es sehr heiß
Steine zerfielen von der Hitze
Als Debora sich ein letztes Mal erhob

Zerfurcht und glanzlos ihre Haut
Von der Farbe der Erde
Da sie einsam der Weltbewegung Einhalt gebot

Schrecklich schollen ihre Worte
Von den Felsen wider
Ein Fluch den Feinden flog
Noch der Sonne voran

Debora sank auf trockenem Sande nieder

Verrätselt

Meine Schwester
Eben als Schmetterling
Aus der Erde gekrochen
Fliegt im Faltertrikot
Bei schönem Wetter
Glitzernden Strahlen
Entgegen
Während die Eltern warten
Und schließlich die
Köpfe zusammenschlagen
Bei Regen geht sie in die
Schule auf Asphalt
Aber abends
Hat sie keiner gesehen

Scheidung einmal

Eine verschwiegene Wiese
Weiß um die Geheimnisse der Morde
Der Eigentümer wand sich
Voll Besessenheit um dieses
Stückchen Fruchtbarkeit
Verlassen gibt die Umzäunung das Aussterben
Einer Familie bekannt

Mantelfutter

Ein Zimmer nach dem andern wird mir unterge-
schoben Zurückgegeben
Zwischen die Beine die Arme
Aufgestellt im Kopf
Zusammengezogen lösen sich die Vergangenheiten
auf
In einer Adresse Der derzeitigen
Hier zieh ich den Mantel an
Mit Löchern im Futter
Der Wind kommt von außen und weht von innen
Die bekannte Fahne
trag ich jahraus winters weiter
dass du mich notfalls wiedererkennst

Ein Brief nach dem andern kommt in den Stoß
Scham Rot und Mahnung in solchen Stunden
Wo gewiss nur ich die Fäden zurück spinn
Überm Papier den Stoff zu jenen Schreibern
Die davor mit mir umgegangen sind

Dort und diesmal
Im Zeichen des Heiligen Martin
In zwei Stücken seines Mantels frieren
Nun schon zwei
Dass er uns begegnete War der Zufall
Der ihn selbst überflüssig machte

Und nun ist Sommer
Der Mantel hängt im Schrank
Zwischen den Hosen Röcken und Blusen
Gestützt und gestärkt durch ihr innere Leben

Irrfahrt

Gefunden hab ich eure Namen
Konya Adana
Vigan und Ispanam
Niemand wird glauben
Saida
Wirklich
Nur eure Namen weiß ich
Wo kamst du her Satara
Nannte man den Mond nicht AIDIN
Weil ihm das Blau aus den Augen fließt
Cerigo der Rotwein scheint ihm oft ähnlich
Sage ich Himmel mit dieser
Sandrunden Wüste in der Mitte
Kann es Widin nicht hören
Und Ersingjan ist der Wind über dem Meer
Hat mir den blassen Mond näher
In die Äste gehängt
Darüber Sihamur den Morgen verlor
Ich selber heiße Stern

Halteverbot

Halt
Jetzt wird der Pflock eingehauen
Das Seil bind ich an
Halte das Knäuel
zähle rede
Die Beine haben es zu vertreten

Ein Kreis umrundet den andern
Städte Menschen Gespräche
benennen die Tage Jahre
in meinem Namen

Und vor der Mauer
geschmiedet in Warten und Neinsagen
gehe ich rückwärts
in Gespräche Menschen Länder
die unbekannten Zeiten
vor dem Halt am Faden

gefesselt

Eingeschnitten

(im Bürgergarten)

Der Baum ist mein Wunsch
eine Fee zu sein dort
zu wohnen von der Wurzel bis
zur Krone die Geschichten
zu hören von toten und
Lebenden Ästen mich geborgen
Fühlen in der Eintönigkeit
der Ringe wo die Zeit
Gefangen ist auch gespannt
Warten in den äußersten Spitzen
der Knospen ihnen zu verraten die
Schönheit der kommenden
Blüten dann ein weißes
Kleid haben das der Wind
Jedes Jahr lieben wird
Und keiner wird das Rauschen
Verstehen im Augenblick

EBENE

Male erst mehr roten Morgen
Regen dann Rasen darüber
Dehnbar Farben dieser Fläche
Auf beinah atemlosem Grund
Unter gehaltenen Ufern gut
Gelesene Arten gelb ahnen
Bänder zu bahnen Zügen
Erde zählt Esel zahllos
Legt erst ehrlich
Lächerlichkeit
Hin

Du

Wo deiner Mutter Landschaft
Dir geschrieben steht
Wussten meine felderweit
Gezogenen Finger
Als sie noch warteten

Tanz auf dem grünen Weizen
                    (am Buchholz)
Um die Frühmittagszeit im Mai
tanzten wir auf silbergrünen Wellen
die überwinterte Angst und ich
Atemholend blies uns der Wind
Musik unter die Sohlen
Bei Trompetenstößen der Sonne
Steckte ich meinen Kopf
unter deine Grannenflügel
Wenige Sekunden mich führen lassend
Schwindlig vom blühenden Korn
Wachsen deine Hände ausgebreitet bis
zur Stadt retten mich nach der Umarmung
Als ich bis zum Bauch verschwunden
festen Boden spüre springen wir wieder
In den Rhythmus in dem ich dir noch vorm
Abend die Pirouette nach
Hause drehe mit langgewachsenen Haaren
Dem diesjährigen Sommer verschwägert

Ferse Verse
Ferse Verse

Mit der Reichsbahn
außer Landes

Wellen

(Swinoujscie)
Schafe bekommen für elf Meter
ein Winterspielkleid
Ziehen nach Osten

in Viertelnoten schert
der glatzköpfige Wind vom Strand her
sie alle

Verspielt lässt sich eine Möwe
von ihren Rücken gleiten
Fliegt vor der nächsten Herde davon

Bar

(in Budapest mit F.G.)

Wir sitzen und mischen
Städte in unseren Gläsern
Morgen und Abende
Und trinken alles in uns hinein
Es fließen die Flüsse in unseren Adern
Kreuzen sich paarweise
Dem dritten Pulsschlag entgegen

ein halbes Europa
in West- und Ostgeld
geben wir an einem Abend aus
und fallen den Straßen in die Arme
namentlich unsere Naturen

sprechen die eigene Sprache fremd
gegebenenfalls
zweiundzwanzig einfache Lügen
spannen wir auf
als Regenschirme gegen
die staubige Luft

Ein Auskommen haben
                (in Krakau)
Ich sehnte mich nach dir
Erde
In meine Beletage
Dass ich wollte
Eine Polizei
Von Philosophen und Sprachkünstlern
Räumt mir die Wohnung leer
Nur die drei Worte
An meiner Wohnungstür lasst stehn
Mein Namensschild
Dass ich hineingehen kann

Wenn ich nicht mehr zurückzukommen brauch

landein landaus

Hat mein Ohr gehört **O**
Am Arm entlang klingt'**S**
Umspannt nu**N**
Tausendfachen Raum daz**U**

Gebt dem Gartenzau**N**
Regelrecht Farbe und seine**N**
Einzigen Sinn ein**E**
Nabelschnur dem Weg dahinter zum freien Lau**F**

Ziehen die Nebel darüber zu und au**F**
Eine Reise eine Bahn so oder s**O**
Nebenbei winkeln sie sich gerade und run**D**

Aber dann sehen wir die Ende**N**
Und rechnen uns aus was uns bleibt vom jeweiligen
d**U**
Für eine Zeit ein Wort im Klang steht darau**F**

Zurück und hervor denk ich ruf »Herz**U**!«
Und sieh! Diese Geste war eben noch nicht d**A**

(Die Verse sind vorn auch von oben nach unten
und nach ihren Anfangs-
bzw. Endbuchstaben zu entgrenzen und
zu umfahren)

Auf eigene Gefahr

                    (trampend in Arad)
also grabe ich meine Gefühle
aus grundlosen Verstecken
Ein Schatz klugglänzender Steine
Der Traurigkeit
Fädle Ketten von Wolken
In krankhafter Ungeduld
Auf die Erde
Tagen um den Hals gewunden
Die farblos enden wollen
Ohne mich goldschmiedend
Regnen zu sehn

Slawischer Marsch

              (auf dem Rynek in Krakau)
Auf Pferden mit brennenden Flügen
Dem Regenbogen nach
Reiten meine Freunde
Pfauenfederngeschmückt

Blase auf Rosen Flöte
Ein abwartend Lied
Winke dem ausgebrannten Himmel
Der von Osten her tanzt

Überschüttet die Sonne
Alles mit ihrem Glanz
Winden Flüsse sich um die Beine
Überlebensgroß

Aber fliegt doch weiter
Im Dunkeln ist alles sanft
Regen durchfließt die Schatten
Und mein Lied schläft ein

Tau fällt von den Federn
Grußlos in schillernden Farben
Unfruchtbar sind die Morgen
Nach dieser geliebten Nacht

Die Boten sind schon erwartet
die berichten vom letzten Kampf
Da wird aus dem Pfau ein Phönix

Bei seinem Erscheinen ist's Tag

Jahrhundertelang zu Tode gehetzt

(auf dem Ettersberg)

Von Schießpulver Bomben Geheimpolizei
Kam Don Quixote nach Buchenwald
In die Reihe zur Schlachtbank
Ganz nackt wie Sancho vorn und hinten
Später bekamen sie ein Denkmal
Ritter der traurigen Gestalt
Aus den Öfen aber wehte
Mit stinkenden Dämonen sein Traum
Dulcinea im Kleid aus Menschenhaut
Erschlug Rozinante für den sie zu schwer
Wer war der Don in dieser Reihe
Wer kämpft jetzt wieder
Mit Erlkönig auf dem Ettersberg
Schleudert sein Schwert
Aus Buchenholz dreißigjähriger Bäume
Gewachsen auf Tausenden von Leibern
Über gesenkte Köpfe von Besucherscharen

Was ich gestern gesagt habe
ist schon heute nicht mehr wahr
                    (in Padua)
Da klemm ich mir die Träume ins Haar
Schieb mit der kleinen Zehe die schwere Decke
beim Aufwachen nach fünfzehn Jahren des
morgendlichen
Wimpernschlags Vom Bett
anders als die Großmutter stehe ich heute auf
Zaubersprüche gelten nicht mehr
Aug in Auge stehe ich den Bergen gegenüber
Stein ist da und nichts als Stein
Auch die Nebelschleier nehmen ihm nicht die Härte
die Freundlichkeit des Sommerwinds
winterlicher Verräter bist du danach machst mir
die Nase kalt
Und noch durch über den Tag geh ich dreimal
Dieselbe
Straße wie Stunden vergehen die Dramen von Glück
und Trauer
einfach doppelten nächsten Kaffee darüber gegossen
die Füße haben den Weg längst kapiert
Und die Augen schauen ganz nach innen
wo es sanft ist und warm
sie springt hüpfend über die Steine sieben Jahre alt
siebzehn
Und Gibt was ich weiß von den Elementen dran
Seismographen der Veränderung der
Kräfteverhältnisse
kann ich Sein lassen
Die Kleidungsstücke einer Reise häng ich gewaschen
auf den
Dachboden

die Eindeutigkeit des Nassen lässt Zweideutigkeiten
zu
Darin gibt es gestern und heute Über drei vier
Begegnungen hinaus
Der Stein ins Wasser geworfen hat fast keine Wellen
geschlagen
dir tut nicht weh was mir über den Bauch gefahren
die Schauer am Rücken dem Nacken den Armen
eine kleine Angst vor Morgen in der
Farbe des aufgehenden Vollmonds in den ich
reinbeißen will
Hungrig komme ich selbst im Schlaf auf keinen Grund
Im Fallen im Fliegen kommt mir ein kleiner fast
erstickter Schrei
über die Lippen Den ein anderer Fahrgast aus
eigenem Ruhebedürfnis erstickt
Erweckt das Schaukeln des Zuges des Schiffes in den
Schenkeln eine bekannte Melodie
Ich merke wie sehr ich in den Sachen bin
wenn ich nackt dastehe eine Frau aus dem Osten
soviel verstehe Und trotzdem heule ein paar Tränen

Es könnte auch der Wind gewesen sein
Oder du er sie es ihr
Und ein paar Tage dazwischen

Ferse Verse
Ferse Verse
Ferse Verse

**Mit dem Trabi
durch die Felder**

Wetter vorher Sage

(über Kleinneuhausen)

Die Landkarte meiner besetzten Orte
Habt ihr bereitwillig in die eigne Tasche gesteckt
Fremde Ausdrücke in die Gesichter gezerrt
Angestammte Pfähle
Im zuende Gehen

Winterstarrer Baum
Du
Gib die Zeit zur Betrachtung her
Die ihr abwesend seid
Vögel

Schleicht euch nicht wieder
Holend durchs Geäst der Hirnwindungen

Sie mögen keine Kraft mehr
An Verschleierungen geben
Niemand kann so einfach den Himmelsrichtungen
huldigen ohne sie
Die Hügelkette Wetterscheide

Wo Regen und Nebel zuerst ihr Recht verlangen

Die Grube

Aus der Dämmerung kommen wir
kaum noch raus
sie schiebt uns zum Eingang und
lässt uns aufspringen
Denn die Stunden werden nur zeitweis
vom Himmel heruntergelassen
Im Herbstlicht versuchen die Blätter
ihren letzten grandiosen Auftritt

Wissend nicken die alten Leute
sitzen im Dunkel zur Gewöhnung

Der Totengräber hat seinen Einsatz
sticht in die Tiefe
Während die gemeinen Regentropfen
über die Löcher springen
ein hinterhältiges Ballett
über seinem Kopf vollführen

Schwitzend legt sich der Mond
ins gemachte Nest

Am Montag war Beerdigung

Zwischenräume

Sie sind in die Welt gestrampelt
Zwischenräume
Begehen Wege sitzen auf Stühlchen
und Bänken
Am Stock oder im Wagen
Vergessen sich im ersten Kuss
Jedeserstemal wehen sie gegen Vertrautes
brennen Schneisen
Lautlos und unübersehbar
und doch nur in heißem Einverständnis
Ist's der Dünger
auf den Zonen der Erfahrungen
ein Garten
dessen Früchte
ich keinem anbiet'
einen Likör draus mache
von rotgoldener Farbe
aus Raum ist Zeit geworden
gestapelt in Kalendern
mit ehemals wichtigen Terminen
Die Namen der Tage bau'n Häuser
mit Wohnungen
wo manche Haare gefallen sind
Die haben sich in Luft aufgelöst
im Zug zwischen Stationen
Im Wegfahren und Nochnichtangekommensein
Die einsamen Entschlüsse
sind Stuhlbeine geworden
auf denen ich jeweils sitz
Fenster Spiegel Schlaf im Blick
vor Morgen

Nachgeben

(Kreuzung Hauenthal)
wo das Kartoffelkraut aus der Erde stößt
hat das Land sich zurückzuhalten
liegen getretene Wege daneben
neigen die Gräser sich den Liebsten zu
In schleimigen Nestern brüten die Schnecken
elterliche Häuser tanzen um lebendige Tropfen
geben meine Blicke samtigen Hügeln nach
dass der alte Kirchturm in mir zusammenfällt
einäugig ich mich an einer Lerche festhalte
Gründurchbrochene Wolken lasten auf den Lidern
Erwacht die Hüfte zuerst
Ameisen ersteigen ein erdbebenreiches Gebiet
retten sich auf lange Grannen
schwingen den Abendglocken nach
Und fliegen als Krähen davon
Ihr Geschrei bricht die dünnen Töne
der Schwalbenjungen
Erregt fahren meine Hände übers Land
windiges Akaziengestrüpp das im Nacken wurzelt
Die Sonne fließt durch die Ellenbogen
Davon leuchten die Fingernägel rot
Jeder Schneck hat seinen Mond
Und ich geh in Dunkels Kälte
Wieder aufrecht

Sie wartet Erwartung

Wir leben in einem Traumland
die Wirklichkeit geht in Arbeitsklamotten
Soviel Wut ist fast an der Oberfläche
soviel Echtheit Wer bist du darin
Meine Berge im Unangenommensein im Nebel
In der Sonne im Schnee am Vormittag
setz ich die Füße anders bist auch du ganz verändert
Am Wald zähltest du die Entfernungen zu dir ins
Quadrat
hast meine Zwiesprache mit der Erde nicht gestört
als ich die Geländer der blauen Brücke verließ
hast du meine Tränen gelöst
das Wasser das Essen die Luft mit mir geteilt
Und erfühlt was im See versunken
Was trägt das Boot Füße hängen über den Bug
ertasten das schlammige Ufer
ein Blitz auffliegender Enten zuckt in den Himmel
Alles scheint möglich unter solchen Augen solchen
Flügeln
im Moment ist die Wiese voll Kräuter
ist mir das Meine zuviel und Deins zu wenig
zornig rühr ich im Tiegel
Schlag auf Schlag zerspringen die Spiegel
in uns zwischen den Scherben ist auch noch was
im Raum wecken die Finger die Zeit
öffnet sich die Tür für neue Worte
Auf dem Boden ist Gras
Das stachelt und klingelt sich in unsere Lage
Macht wieder frei
mal sehen Wie morgen sich's gerichtet hat

Fallstricke des Lernens

Sie haben uns anvertraut Unausgesprochenes
Gesichter Berufe Lebenslagen
Gut geht es im Bekannten weiter
die alte Liebe
urteilt und würde die Machtverhältnisse ändern
also Komplizenschaft in puncto Erhaltung
Bube auf Dame immer ein Stich
verloren nützt die tabula rasa der Selbsterkenntnis
nichts Die Mehrheiten sind regelrecht
bestimmen die Währung den Wahrheitsanspruch
So ähnlich geht die Zahnärztin einkaufen
Arbeit verschafft ihr das Warenangebot
Die Scheuerfrau kurz vor vier
winkt ab der Scham frischen Boden zu betreten
Ich geh hoffnungslos ins Amt um einen Stempel
stolpere über den Getränkefahrer der meinen Weg
abschneidet über die Kästen die Körbe die Schlange
anstehender Frauen Figuren sieht
Ein frecher Mund zwingt weiterzufahren
Gezügelt ein LKW im nächsten Ort dasselbe
Halten die Schulkinder an der Bordsteinkante im Pulk
besetzen die Plätze die Alte sich wütend freikämpfen
ein Moment voller Resignation
sagt der Tischler der vormittags bei der Beerdigung
stehen muss Der Tote war kein Verwandter
Doch fühlt er seine Rechte verraten
auf eigenem Produkte zu sitzen
die Nachbarin hat es aus ihrem Interesse bemerkt
allein Ungesagt
falsifiziert der Anspruch die ganze Szene
Die Joker sind im Spiel in der Schule

geschlossenen Gesellschaft den Regeln und Riegeln
Du weißt Wie du dich zu verhalten hast
Auch ich kenn die Währung die alles
Spiel in Ernst verwandelt
Lächeln heraufbeschwört und
bezahlen lässt Die Zinsen sind ohne Gewähr
ohne Gewehr gehen wir vorbei lassen sie
stehen
mir bleibt noch genug
Wo
Zu

Sonnenuhr

Wo der halbrunde Mond mir an die Stirne piekt
Stille Steine überlegen auf der Seite so
Hat darüber seine Bahn geworfen der
feuerrote Halleykomet zur Verspätung des Horizonts
O an ein Gipsbein gestoßen eine bedrängende Hand
und an ein Knie vom Hans unterm Tisch
die Front die Grenze die Eintrittskarte
zerissen 's da da tirallala
und alles was da fließt das
Schlangentier ist glatt glitschig und kalt
Ehemals ein besonnter Fleck am Stein
drei Stunden Nachmittagswärme
hat sich die Katze genommen
in ihrem lustigen Pelz am Kopf
am Bein der Scham unter die Achselhöhlen
Beglänzt die Strähnen zwölf berührbarer Stellen
widele wedele hinterm Städtele feiert der
Abendzug Sommer stöhnen die Minuten denen
wieder ein Stück Land abgewonnen im Halbschatten

Spieldose

Bis jetzt hab ich im Dunkeln geschlafen
im Haus, das ich nur tagsüber verließ

Nun habe ich es bei Nacht geseh'n
es schlief ohne mich
auch wartete keiner

Die Träumerin trug es in ihrem Mantel
eine gesprungene Feder
dreht sie wieder in den Lauf der Welt

Ich kann Licht machen
kommen und gehen, wie ich will

Still eben versunken

Die Bewegung zwischen zwei Spiegeln verkleinert
die Reihe Hinteransichten und Vorderseiten
verschluckt die Paare meines Kopfes
Der wendet sich gegen die Scheiben im Licht
zerbricht das Kaleidoskop
Als Konfetti liegen die Benennungen am Boden
Vorformen lebendiger Worte
sei es der Mond der Besen ein Dreieck mit den
Winkelhalbierenden
Pfeile dagegen geschossen
Gemalt kommen sie nie an
ein bisschen Rauch eine gezackte Blitzlinie
die wellige runde
Symbole des Unaussprechlichen
hingeredet in Verwirrung
verständliche Vordergründigkeiten
Den begrenzenden Rahmen
halt ich nicht aus die Bilder von mir
Zitationen um wiedererkannt zu werden
Schmeicheleien zum Unterschlupf
Teilhabe in meinem Mund
in fremden Augen eingeschlossen
Schnell muss ich raus
am Feldrain ist wieder ein Grenze
die Bordkante die Schwelle an der Tür
zwischendrin mein gegangener Weg
unsichtbar wo ein Gedanke wichtig
ein Schritt steht nirgends geschrieben
zärtlich war die Sonne im Wind
die erwartungsvolle Gemeinsamkeit
Am Tisch mag ich nicht länger sitzen

Er hat mich verschlungen
in der Tiefe des Schlafs glitzern
Tränen rühren die Ufer
keine Feindin erwacht den Wellen
aber auch kein Paar kommt zusammen herüber
hinüber ist die Unschuld
nicht hören zu können
ich suche und sehe Sagen
zu leben zähle mich zur Stille

Un Regel Mäßigkeit

Mit der einen Hand raff ich zusammen
was mir aus der andern gerissen wird
Teller und Messer Brot Butter Wurst und Käse

Noch eh' meine Hand die richtige Temperatur hat
alles auszugeben
ist es aufgegessen

Ich wasche die Tassen und Teller
die eben noch jemandem gehörten

Jetzt berühren sie sich gläsern
porzellanen und tönern
klappern an ihren Ort zurück

Geschlagen gestreichelt und gestrauchelt
trockne ich mich ab

PROVIDENTIA

(für E.R. 1986)

Und doch ist der Holunder zur Blüte gekommen
Gemessen in Geigerzählers Einheiten
Ganz anders zu rechnen ist dieses Jahr
Auch abends scheint der Mond durch die Äste
Tagsüber gesehen mit Caspar Davids Blick
Streunen bei Dunkelheit die Diskofahrer bis zehn
Bis zwölf
Während dahinter einer versucht mit der Sonne
Die Meere auf seine Seite zu ziehen
Flutenlang gelingt's oder halbtäglich
Bei Ebbe auch ahnen die Spatzen
Nichts davon auf unserem Festland
Was ihnen gepfiffen wird via Satellit
Gegen ihre Tonlage scheren die Schwalben
Aus konkurrieren in Schleifen unterm
Nächsten Regen tragen Würmer davon
In ihren verkrusteten Wohnungen
Hängt die Fahne des Sommers raus
Geht es den Erdbeeren anders
Alsbald pfundweise gepflückt
Sind die Holztauben erhaben Dunkeln
Die Nachmittage zwischen die Häuser
In offene Fenster jahrzeitenlang
Worüber sich kein doch noch grün gewordenes
Blättchen wundert in diesem verstrahlten Frühling
Getupft laufen Käfer laufen in Kinderängste
Vorm Morgenwaschen gepanzert in den Garten
Wo alles Wachsen Gelassen wird
Was gegessen werden wollte
Vielleicht wandert der Holunder auch ins Glas
Aber der Duft der Kräuter das Heu

Greift jetzt schon jede Betätigung an
Reizt zum Erdenken der Quittung
Die verloren ging
Wild wuchert's bis es gelblich verblasst
Und ermattet was wirkungsvoll in uns
Arbeitet
Vorsicht

Vor über Gehen

Die stillen traurig fröhlichen Feste
Eingenäht in die Wochen des Wartens
aus denen wir schließlich
Alltägliche Kleider gemacht haben
In Einkaufstaschen Bordkanten
hinaufstemmen
Als überredeten wir ähnliche Fälle
im Suppentopf heiße Gerichte zu sein
essen verstummen
und reißen umherstreunende Streite
unbemerkt entzwei

Während der Tisch sich schon wieder leert
werfen wir Erfahrungen
vorwurfslos weg

Es sterben die Stühle
auf denen wir gesessen
Vor Nacktheit in den
einsamen Möglichkeiten

wirklich so angetroffen worden zu sein

Wandlungen

Tränen auf Glas bis es bricht
 Noch
 war es ein Nasenbluten
 das des Baumes Brust erweichte
 eine Stütze dem Kopf bot
Blut kehrt in den Zellstoff zurück
 Lämmchen wurden auf die Wiese geboren
 im Tal
 hinterm Vorhang eines Kopfnickens
 sprangen sie über den unteren Horizont
Blieben die langgezogenen Konsonanten
 von der Regung zurück
 Noch
 war die Stille verborgen
 in einkreisenden Sympathiebekundungen
 um Hunderte von Zigaretten
Nachmitternächtliche Aufmerksamkeit
plautzt türenschlagend in den Schlaf
 wovon sich die Wände erzürnen
 heiser werden gegen das Ansinnen der
Architekten
 Noch
 waren gewisse Lebensmittel nicht gefunden
 kullern den Tanzenden unter die Betten
Telefonstrippen werden hin und her gerissen
übers ahnungslose Land
 Noch
 dazu kamen am Männertag
 Besoffne auf Pferden den Hang hinauf
Ein dröhnender Schrecken
am hellerlichten Tag

Dass ein verängstigter Wunsch
zwischen den Birken schaukelt
Mut fasst und durch den Löwenzahn
schreitet
Ungleiche Spuren hinterlassend
Noch
immer war des Vogels Argument
zu gleicher Zeit überall zu hören
steckt in mir einen gläsernen Spiegel an
Feuer flackert undeutlich in Erstarrung
Modellieren wir vom Weinen gegossene Posen
gegen des Augenblicks Bann
Noch
bevor eine gültige Fassung erklärt
kam alles auf einmal zurück
Blut Schafe die Wände Pferde der Baum
unterm Vogel

Tröpfchenspuren im Glas
erwärmt gerundet
erkaltet gehalten
Sprünge geh'n noch an der Wand entlang

Nachruf

Ich bin immer gerettet worden
wenn's am schlimmsten war
hat mir die Mutter ein Schlafmittel verpasst

Ich hab Leinen gespannt
auf denen andre gegangen sind
schwebend
sind sie aus unseren Sesseln aufgestanden
aus den wichtigsten Begegnungen
und waren schon hinüber
dass kein aufhalten war

In diesem Chinesisch von MO bis SON
hab ich sie abgezählt
es waren auch Herzensfreunde darunter
und Schwestern auf deren Leben ich gespannt

Sie sind in Pastellfarben verschwunden
dass weise zu werden ich gezwungen bin
Mit Mohnrot auf den Wangen
in der Abendsonne stehe
ein bisschen lächerlich

Briefe und Karten hab ich sortiert
Schöne erinnerungsvolle
einen ganzen Friedhof voll Papier
Immerhin kann ich dahin gehen
zumindest in viel Grün und
etwas Blau
Säe ich

Um Worte zu haben für diesen schon alten Bekannten
Tod

Habe einen wundersamen Wandschirm
auf dem die Linien zusammenlaufen
Ich kann einschlafen so
dass DIEN MI und DO leben
FREI ich bin

Es zählen auch andre für mich
Die ich war

WIEDERnatürlich

(Mai 1989)

Noch einmal bin ich eingetaucht
in die Vollnarkose
aus der Hauptstadt mit Verspätung
in das Grün der Felder die blühenden Obstbäume
Es ist alles noch nicht so schlimm
Dass sich andere darum kümmerten

um meinen Arbeitsplatz
Was wäre wenn er fehlte
Das Krankenhausbett für meinen Kummer
organisch nichts lokalisierbar
Andere brauchen's
für den pathologischen Befund
Die dessen bedürfen haben ihn längst
Ich lese mir indessen die Grenzen raus
Lese verlese die guten ins Kröpfchen
die schlechten ins Töpfchen
Wir öffnen jetzt das Taubenhaus
die Täubchen sie fliegen so froh hinaus
Hurr die gurr in den Städten
lieben sie uns nicht auch nicht auf dem Land
Außer den Taubenzüchtern die ihren
Irrland ist eine schöne Insel
ob ich sie vor der Rente noch sehe
wenn ich schon wieder nicht wählen will
Weil wiederum nichts zur Debatte steht
geht ein Tag unter ein Jahr
manche Regierungsnummer

Bimbam heißen in Thüringen die Löwenzähne
Und die Leute sagen Ja

Eine Seifenblase

Groß und bunt
Drei Atemstöße in ihr
Vor weißen Birken im Herbst

So sieht meine Arbeit aus
Verwurzelt
Ein Hauch
Kann das Bild platzen
Lassen

Immerhin es war da

Drei Stunden der Bahn des Mondes

Am Feuer nachziehen
Über die Ecke der Scheune
Die Moorwiese
Das Ufer des schwarzen Waldes
Gestreichelt beargwöhnt
Von unruhigen Wolken
Und ihren blitzenden Sternen

Über eine Weile

Lang aus
Halten vom
Nächsten
Erfahrungshochsitz
In der Frühe ernten
Verkaufen

Und Verlornes im
Boden festtreten

Hypothek

Ein Loch im Berg
Ein totes Auge
Sieht auf den im Stich gelassenen Wald
Vor Jahrzehnten
Jahrhunderten aufmarschierte
Bäume im Gleichschritt
Fichten wollen
Vielleicht auch lieber
Eichen und Ahorne
Unter sich

Ferse Verse
Ferse Verse
Ferse Verse
Ferse Verse

**Im Tarifgebiet ABC
von Berlin**

Blindheit

In der verlassenen Wohnung kühlt der Duft
von Kaffee aus
Die Betten richten sich's für den Tag ein
In allen Ecken fällt knisternd der Staub
Fotos und Tonbänder vereisen
Da kommt sie
und fühlt etwas Warmes
keinen Hund
keine Katze
kein Enkelkind
Weiches Wachs einer Kerze
Im Weggehen ausgeblasen

Das Licht wärmt sich in ihre Hände

merkwürdige Signale senden halbgedachte Sätze
aus
über **die Erde zur Welt machen**
Die Berührung zur Liebe
Ausweglosigkeiten abschreiben

Zwischen Fernsehen und Arbeit in fremden
Koordinaten DER Raum Wo ich Krähen höre überm
Schnee
den Hochhäusern
meine alte Hand schmeißt Kohlen in den Himmel
die SCHREIN
Darunter teilen sich in der Großstadt die Zeiten
Sprachen Erwartungen in eine kleine Busfahrt
Und auch da ist der Rhythmus der Stationen der
Ampeln
für die ANWOHNER anders geht's den Fremden im
Sitzen im Geh'n nebenher
gesprochene Worte in ihrer Konkretheit BEWIRKEN
wenig

Ich hocke dazwischen angenehm berührt
von der mir verständlichen Sprache
schließe ein paar Kreise in Kollisionen
die sich in Nebensächlichkeiten auflösen
doch will ich in den Durchschnitten
der Bewegungen die Mittel und Mäßigkeiten
spüren
Wie sie passend und UNPASSEND sind
den Blick der Schuhverkäuferin für meine Größe
mit der täglich veraltenden Schlagzeile vom
Zeitungsverkäufer paaren

Die Philosophie der Pförtner das eigentliche Wissen
einer
Behörde mischen in die Cheftermine

Und ein Blatt nehmen in der Nähe des Papierkorbs
das gleich einem Fünfmarkschein veraltet
abgegriffen und nach andertalb Jahren aus dem
Verkehr gezogen
wird der Blankoscheck für Unangenommensein
Eingang Erledigt
Manchem VEREINE gegen den Strich drehe ich
meinen Radiosender
auf Wellen und Währungen messe die eigenen
Kursschwankungen
Ein KREUZ das ständig die Kommunikation erschwert
Dreinschlägt in die Gefühle gibt's keinen Kompass
der Ost und Süd noch vertraulich angibt
In meinem Zimmer hängt das Bild von der
Hiroshimafrau
vom polnischen Maler ein Geburtstagsgeschenk
über dem Bett in das früh die Sonne scheint

GANZ wach gehen die Beine fühlt der Bauch
sehen die Augen die Hände sind klamm
deren Enden in noch was Neuem ich stolpere
zur Haltestelle Doppelt missverstanden ist die
Berührung
der Erde meine Welt ist vergangen schmerzt mit der
Wunde
brennender Ölfelder der Wald eine Spannung zu den
Geschichten

die niemand hören will
Etwas verschwiegen etwas bewegend IST wieder im
GEHEIMEN geschluckt übersetzt kommt ein neuer
Tag
Am Abend war irgendwann wieder Schlaf das
Thema
gewesen die Langeweile zwischen den
Sofortbefriedigungen die Posten die Orte so
dass ich das Alphabet x-mal zum Z durchbete
bis zum Feierabend
Die StraßenBAHNEN danach fahren jetzt im Schnee

ich wollte ein Gedicht namens **Schichten** schreiben

wo ist es?

Zu Weihnachten verloren gegangen
als ich doch schon bei der mir derzeit möglichen
tiefsten Schicht angekommen war
Nach Tannennadeln im Vogtland hab ich gegriffen
beim Pilzesuchen
zwanzig Urlaube Ferien lang oder so
In die fruchtbare Kleinneuhäuser Erde in der so gut
wie alles wuchs aber nicht sprach
In den Berliner Sand der mir bei Beerdigungen
schwer durch die Finger rann

und alle Zeiten
die sich nie begegnen werden
beschlossen wie sie sind

Ich wollte wohl auf die Frage gebracht werden
wieso ich denn grabe
bin ich ein Hund? Oder doch lieber eine von meinen
Katzen
Die tun sowieso nicht
was ich von ihnen will

Noch einmal beginnen
Ich liebte die Anfänge lange Zeit
Nach der Wende noch heftiger
im neusten schnellsten Zug im Flugzeug im
gestrandeten Boot
eh' ich das Wasser die Freiheit genießen konnte
hatte ich die Steuerknüppel

eines Motorboots in der Hand das nur so
dahinschoss
in der Luft sehr verschiedene neue Gerüche
beschloss ich kurz dem freien Fall zu vertrauen

Es war ganz leicht und unvertraut wieder Sonntags
früh in die U-Bahn zu steigen
Wo sich die Nacht und der frische Morgen in den
Gesichtern der Reisenden
abweisen irgendwo zwischen dem Ausgangsschild
und drei Schlagzeilen
musste ich nur ein paar Stufen emporsteigen
hinter den Wänden sind die Erdschichten

Nicht länger sind Ansagen am Bahnsteig die
Grenzen
Einfach kommen die nächste Stunde der Tag
Ich achte auf die Gewinne die auf den unbemerkten
Einsatz telefonisch er-
folgen oder auch später noch ankommen

Verstehen sich langsam die Schichten
Spiralen finden ein paar Etagen höher oder tiefer
wieder alte erfahrene Kreise

Liebe Mond

Schon einmal
als ich in der ersten Klasse war
konnte ich schlecht lesen
das Mädchen vom Dorf
In der Stadt fiel es am ersten Schultag die Treppe
runter
Die Schneidezähne waren zum Glück nicht da

Dieselbe Szene nach dreißig Jahren
Ein altbekanntes Buch hat noch neue Dimensionen
In der Fiebernacht wieder gelesene Geschichte
Endlich kann ich zwischen den Zeilen erkennen
Ohne vergebliche Hoffnung

es sind nur die Sterne
die weniger kalt sind weil gerade der Frühling
kommt
und dazu ein paar in Pausen gesprochene Fäden
Unglaubliches so nah aus verschiedener Perspektive

Schneeglöckchen und Prinzessinnen samt
Stiefmüttern fallen
ganz einfach vom Himmel runter aufs Malblatt der
vierjährigen Nichte
Nochmal mach ich nicht meinen Kopf und mein
Herz so auf
wie Margarita mit den gelben Blumen
gelangweilt als sie ihren Meister traf
Die Begegnung endet mit einer selbstbezahlten
Theaterkarte
zu klar ist die nächste Stunde

Ein Urlaubstag ist der neue Briefkasten
und der neue Tag ein zu Ende gebrachter Satz

ich verfahre mich frage gehe zurück
Und bin doch angekommen

Entscheide und kann es leiden
wenn's nochmal ganz anders weitergeht

Wieder von vorn

ohne Werbung

Der erste Vorhang ist grau am Tage
erwacht in der Erinnerung erfüllter Träume
es gilt neue zu finden in den Untiefen von Heute
sind die alten Requisiten noch da
der Koffer der Flucht die Schweiz einer Studentin
ein sächsisches Dorf mit dem Felsen des Riesen
und die blankgeputzte Treppe zum zweiten Stock
    Dahinter die lange Geschichte deutsch
polnisch
    polnisch deutsch bis in biblische
    Verse die bekannten Bücher
    mit abgegriffenen Einbänden genauer Zitation
    darin haben die Figuren immer neue
Schauplätze
    Spielplätze vor dem
Zweiten Vorhang der ist schwarz
er wurde ganz schwarz zwei Jahre lang
von der Sonne vom Regen vom Unbeachtetsein
über Jahrzehnte dauert es
wie sie die Zügel nimmt vorn auf dem Pferdewagen
sitzt sie nicht wird nicht geführt es klingelt es läuten
die Telefone
    immer genau am Ort in der Zeit reden sie
nicht nur miteinander
    geben dem Fortgang ordentlich Zunder der
verwirrende
Dritte Vorhang ist keine Grenze mehr
für die aufblühenden neuen Bilder
Säume der Straßen und Bretterzäune
die Streifen im Stoff wiegen ein Meer
bei Nacht und am Tag ruhig an seinen Stränden

so dass nur wenig Treibgut liegen bleibt
Immer wieder angegriffen wird es rund und weich
    schleift die Zeiten zusammen
    an der Oberfläche sind ein paar neue Sprüche
    nun eingegraben
    die weinen und lachen nehmen die Szenen
wahr
Notfalls fällt der vierte Vorhang dazwischen
wieder ein Netz ohne Farbe gedruckte große Schrift
ohne Angelhaken in den Alltag auf die Sessel in
Fernsehwohnzimmern
    Darinnen und ganz daneben verbringen die
Tage ihr Leben
    Als Schutzengel
    fürchten sich auch
    und werden ganz schön alt

Vom grünen Ballon zum grünen Salon
(für C. M.)

Während der Renovierung mache ich dieses Lied für
Dich
gleich um die Ecke hab ich Dich getroffen
zwanzig Jahre später als im Jama Michailika in
Krakau
ich anspruchvolle Deutschstunden für einen Tee gab
auch da blinken immer noch die Spiegel
drehen sich die Verse um die Gesichter
gehen die Leute hin sich sehn zu lassen
Doch nun singe
dreh Dich wirf den Schal und schlage die Beine
übereinander
blitz den Percussionisten an wieg Dich auf der
Geige
Hüll dich in die Klänge des Saxophons und las einige
spitzfindige Frechheiten heraus nein nicht russisch
singst Du
sondern säuselst die Kisse über die Leute die froh
sind endlich mal wieder was Erotisches zu hören
Polnisches drängelt sich an den Tischen in Berlin
Die Landsleute bauen mit und wissen
wie sich's am billigsten leben lässt
ganz nebenbei inszenieren sie immer noch Poesie
am kleinen Tisch unterm grünen Ballon ist sie eine
Selbstverständlichkeit
Spitzenhandschuhe der alten Dame
die ihre Sahne einrührt
ein ehrfürchtiger Verehrer lässt ihr die Zeit
Hier wird gerade erst die Garderobe eingebaut
unsentimentales Berlin mittendrin
Wie schön bist Du von beiden Seiten

Kaschubin
vorn Madonna und Evita von hinten
die einmalige Tänzerin vom Grande Valse Brilliante
auf vielmals auf vielmals
komm von der Florianska mit dem Zug angefahren
mit der Es-Bahn dem Bus wenn's sein muss
mit der Straßenbahn nachts
Wir können noch weiter gehen
in die Mulackstraße die Sophiensäle
Lass ihn fliegen den grünen Ballon
immer wieder vom Landeplatz
Grüner Salon
Berlin Mitte

Siebzig Verse für meinen Vater –
mehr als halb so alt

Ein Vers kann nicht alleine stehn in eine Wolke
hineingedacht
Vor dem Geschwistersein kommt das auf die Welt
kommen
     in Nebel im Regen bei Sonnenschein
Mag die Welt aussehen wie sie will für Dreijährige
     Sonne Mond und Sterne
Wie viele wohl der Vater verheiratet hat auf dem
Standesamt
     Wie viele der Sohn am Altar getraut wer hat
sie gezählt

Der Tag vor dem Unglück konnte noch unschuldig
sein
     mit der Jahreszahl dreiunddreißig
Einmal die Zwölf und dann die Vierzig spielen ihre
Rolle
Während kleine Jungen herumtollen auf dem Hof
unter
     dem alten Holunderbusch
Bei schlechtem Wetter spielen sie zu vier Händen
lesen Partituren
Aus der ersten wichtigen Bibliothek der städtischen
Musikbibliothek

Sechs Jahre Krieg sind für ein Kind und alle anderen
zuviel
wurde an die Wand gekritzelt geschrieben
versprochen
Feuer machen wenn die Mutter schon zur Arbeit

gegangen ist
    eine schwere Arbeit
Der Vater im Krieg verschollen wie viele
verschollenen Väter
Wie lange braucht es bis der Himmel klar zieht
dass alle sehen was gewesen ist

Vor der Zerstörung hatte die Stadt ihre
unwiederbringliche
Schönheit sagt der Schlossturm in seinem neuen
Kleid erinnerungsvoller
    fünfundfünfzig Jahre
Trümmerfrauen klopften an ihm herum um das
tägliche Brot
Was nicht mehr geht ist klar
Was sein könnte baut sich auf
Ein Abitur in Friedenszeiten vor dem kalten Krieg
Zweigeteilt ist schon das Land
Verschiedene allgemeine Sprachen verfestigen sich
    in den Zeitungsformaten den Öffentlichkeiten

Neu verbunden durch das Wissen um die Fluchten
    sucht sich die Jugend eine erfahrene
Freundin
sächsisch niederschlesisch wird die alte
Theologie und Philosophie studiert
Nachkriegszeit die Tropfen der Wolken
    haben schon oft ihren Kreislauf wiederholt
    in Ost und West

Über die grüne Grenze mit Lebensmittelkarten
    ein paar Konzertkarten im abgewetzten
Mantel

Auch die kleine DDR hat den Theologen
ohne Titel an ein paar Orten die Studierstuben
warm gehalten
die waren mit Büchern möbliert die die Luft
frei von Wanzen hielten

Spaziergänge die lange Dorfstraße entlang haben
Blitz und Donner vertragen
Erst ein Kind eine Tochter hervorgebracht
das zweite den Sohn
Die Rhythmen des Kirchenjahres eine Fuge
der Blumen und Pflanzen im Garten bei den Malven
am Zaun

Fern in Berlin wurde am Sonntag die Mauer
aufgestellt
Die Nachricht lässt erst mal Folianten offen
liegen auf dem Schreibtisch

Mit der zweiten Tochter im Korb ging's in die Stadt
Neben dem Dom das älteste Haus die
Sowjetkommandantur uniformiert die
Zugänger
Der Klopstock saß als Pfortenser Schüler
ein paar Kilometer weiter krank vor Heimweh
am Brunnen im Wald der später zerstört
seinen Namen bekam
nur mit einem Ohr
Otto der Große die Bistümer erfahrbar per Fahrrad
Abgefahren und doch sichtbar

Frühlinge können den ganzen Sommer dauern
dann aber ist Schluss

in Prag und in manchen Hoffnungen
Neue Studentinnen und Studenten wollen doch
    Weiteres erfahren
Hören frühmorgens und Freitag Nachmittag große
    Assoziationen

Der Ferienplatz hat noch Schonungen mit ganz
kleinen Bäumen
einmal wird er ein Refugium sein
am Wald der schwarz steht und schweigt
Noch sieht die Begleiterin halb
Hundert weltgeschichtliche Daten bringt sie bei
Vorlesung ergibt sich aus Vorlesung
Dunkel kommen ganz neue Fähigkeiten hervor

Ein Wartburg ohne Windschutzscheibe fährt in die
    neue Wohnung nach Berlin
Schon mal eine Hauptstadt hält viel aus von beiden
Seiten
    Insel und Frontstadt die größere Hälfte
Mitte ist damals grau in den Hinterhöfen könnte
noch Zille malen
    lebendig nah die Friedrichstraße

Sprießen Enkelkinder hervor
Schwiegersöhne ziehen hinzu eine Schwiegertochter
Eine macht auf dem alten Weg weiter im Thüringer
Dorf
zweigeteilt ist die Welt unterm Himmel
    dazwischen biblische Gestalten
ein Engel der Geschichte zieht kurz auf
Kyros Kyros welche Reiche zerfallen

Vom nun polnischen Dorf aus schließen sich neue
Kreise für uns
in der bleiernen Zeit
Absagen und Zusagen
Der Runde Tisch steht viereckig unterm Herrnhuter
Adventsstern
Alle Arithmetik geht durcheinander
    zwei plus vier ist fünf

Bonn war noch Bonn
    ein Raumschiff der Solidität in dünner Luft
Dadurch dauert manches länger der Entfernung
wegen
neu ist was schon alt
und nicht mehr geht

Schließlich kommen Gesetze von Brüssel schon
    geraume Zeit Hochs und Tiefs in
europäischen Weiten
    über Straßburg der Schönen
Nachrichten davon dringen nur langsam durch
In welcher Verfassung soll was geschehen
Während der letzten Sonnenfinsternis verstummen
    kurzzeitig die Vögel die klaren Linien fehlen
Nullen sind keine Zahlen

Doch dreht sich die Erde weiter
festgehalten in neuen Kalendern
Die doch nicht halten können was aus
ihnen hervorgehen wird

Inhalt

Impressum ——————————————————————

Alle Rechte liegen bei der Autorin

Herstellung: Books on Demand
ISBN 3-8311-1300-9
Satz, Titel- und Kapitelgestaltung: Ilka Kwiatkowski,
verbum Druck- und Verlagsgesellschaft mbH

Fotos: mit freundlicher Genehmigung
Archiv Vera Rüttimann